Lassy Mbouity

La Lutte contre la corruption et les conflits d'intérêts en Afrique

Edilivre

Du même auteur :

- Histoire de la République du Congo
- Histoire de la République démocratique du Congo
- Histoire de la République centrafricaine
- Histoire de la République gabonaise
- Autonomisation politique de la jeunesse africaine
- Révolution de l'éducation africaine

Introduction

La corruption est une forme de comportement malhonnête d'un individu, dans le but d'acquérir un avantage personnel.

En Afrique, la corruption peut inclure de nombreuses activités, y compris les détournements de fonds, mais il peut également impliquer des pratiques qui sont légales dans de nombreux pays.

Le corruption politique se produit lorsque le titulaire d'un mandat ou des employés du gouvernement utilisent la puissance publique au profit d'un intérêt privé.

La corruption peut se produire à des échelles différentes, selon le niveau de développement des pays africains.

Il y a la corruption qui se produit sous forme de petites faveurs entre un petit nombre de personnes (…), la corruption qui touche le gouvernement sur une grande échelle (…), et la corruption qui est tellement répandue que cela fait partie de la structure quotidienne de la société (…), y compris la corruption comme l'un des symptômes de la criminalité organisée (…).

La petite corruption se produit à une échelle plus petite et a lieu à la fin de la mise en œuvre des services publics.

Les exemples incluent l'échange de petits cadeaux ou de l'utilisation de connexions personnelles inappropriées pour obtenir des faveurs ou un achèvement rapide des procédures de routine du gouvernement.

La forme la plus commune de la corruption implique l'utilisation abusive des cadeaux et des faveurs en échange d'un gain personnel.

Les types de faveurs données sont diverses et peuvent inclure de l'argent, des faveurs sexuelles, l'emploi et des avantages politiques.

Cette forme de corruption est généralement poursuivie par les fonctionnaires de niveau débutant et intermédiaire, qui sont nettement sous-payés.

La corruption peut rendre les fonctionnaires plus sensibles au chantage ou à l'extorsion.

Les abus de pouvoir sont très populaires et se réfère à l'utilisation abusive des pouvoirs dans une prise de décision.

Le favoritisme, le népotisme et le clientélisme sont également répandus en Afrique.

La grande corruption est définie comme la corruption se produisant au plus haut niveau du gouvernement et qui nécessite la subversion importante des systèmes politiques, juridiques et économiques.

En Afrique, cette corruption se trouve couramment dans les pays avec des gouvernements autoritaires ou dictatoriaux.

Le système de gouvernement dans de nombreux pays est divisé en exécutif, législatif et judiciaire pour tenter de fournir des services indépendants qui sont moins soumis à la grande corruption en raison de leur indépendance.

La corruption endémique existe principalement en raison des faiblesses d'une organisation ou d'un processus.

Elle peut être mis en contraste avec des fonctionnaires ou des agents qui exercent au sein d'un système indépendant.

Les facteurs qui encouragent la corruption en Afrique comprennent les incitations contradictoires, le manque de transparence, les bas salaires, l'impunité, etc.

Les actes spécifiques de corruption comprennent l'extorsion et le détournement de fonds dans un système où la corruption devient la règle plutôt que l'exception.

La corruption peut se produire dans tous les secteurs, que ce soit dans l'industrie publique ou privée.

Ce livre encourage les pays africains à développer des mécanismes internes pour lutter contre la corruption active et passive.

Dans la majorité des pays africains, la corruption du secteur public englobe la corruption du processus politique et des organismes gouvernementaux tels que les services de douanes et la police.

Dans ce livre nous allons développer les caractéristiques de la corruption politique qui est l'abus de la puissance publique, des ressources par des responsables gouvernementaux élus.

La deuxième partie exposera les différents rapports entre la corruption politique et les conflits d'intérêts en Afrique.

Les pays africains ont réalisé beaucoup de progrès en matière de lutte contre la corruption et les conflits d'intérêts.

Le degré de corruption sera évalué en fonction du degré de monopole et de discrétion.

En effet, ces équations qui devraient être compris de manière qualitative plutôt que quantitative semblent manquer un aspect.

Un haut degré de monopole et de discrétion accompagné d'un degré de transparence faible ne conduit pas automatiquement à la corruption sans aucune faiblesse morale ou une intégrité insuffisante.

Les africains doivent donc prendre leurs responsabilités face à cette maladie ralentie le processus de développement économique, social et politique en Afrique.

En outre, des faibles pénalités ne feront qu'augmenter la corruption si les gens ont tendance à négliger l'engagement moral.

Nous devons respecter les programmes anti-corruption qui ont été organisées par les gouvernements africains.

Le recours à des agences anti-corruption n'est pas la solution car elles n'ont toujours rien trouvé comme preuve convaincante dans l'ensemble de leur contribution.

Traditionnellement, les politiques africaines doivent être basées sur des expériences et le bon sens.

Au cours des dernières années, il y a eu des efforts pour fournir une évaluation plus systématique de l'efficacité des politiques de lutte contre la corruption en Afrique.

Cependant, les politiques anti-corruption qui ont été recommandées ne peuvent pas convenir pour les pays en conflit ou sortant d'un conflit.

Les politiques de lutte contre la corruption dans les États fragiles doivent être soigneusement adaptés.

Les politiques anti-corruption peuvent améliorer l'environnement des affaires.

En bref, la réduction de la corruption en Afrique facilitera le développement économique et améliorera la stabilité politique

Le Rwanda a fait d'énormes progrès dans l'amélioration de la gouvernance et l'environnement des entreprises fournissant un modèle à suivre pour les pays sortant des conflits.

Indice de perception de la corruption en 2015

1. Botswana
2. Cap-Vert
3. Seychelles
4. Rwanda
5. Maurice
6. Namibie
7. Ghana
8. Lesotho
9. Sénégal
10. Afrique du Sud
11. Sao Tomé-et-Principe
12. Burkina Faso
13. Tunisie
14. Zambie
15. Bénin
16. Libéria
17. Algérie
18. Egypte
19. Maroc
20. Mali
21. Djibouti
22. Gabon
23. Niger

24. Ethiopie

25. Côte d'Ivoire

26. Togo

27. Malawi

28. Mauritanie

29. Mozambique

30. Tanzanie

31. Sierra Leone

32. Gambie

33. Madagascar

34. Cameroun

35. Comores

36. Nigeria

37. Guinée

38. Kenya

39. Ouganda

40. République centrafricaine

41. République du Congo

42. Tchad

43. République démocratique du Congo

44. Burundi

45. Zimbabwe

46. Érythrée

47. Guinée-Bissau

48. Libye

49. Angola

50. Soudan du Sud

51. Soudan

52. Somalie

Droit au développement

Le droit au développement a été reconnu en 1981 par l'article 22 de la Charte africaine des droits de l'homme et des peuples.

L'article 22 prévoit que « Tous les peuples ont le droit à leur développement économique, social et culturel dans le respect de leur liberté et identité et à la jouissance égale du patrimoine commun de l'humanité ».

Le droit au développement a ensuite été proclamé par les l'Organisation des Nations Unies (ONU) en 1986 dans la « Déclaration sur le droit au développement », qui a été adopté par la résolution 41/128 de l'Assemblée générale des Nations Unies.

Le droit au développement est donc un droit collectif des peuples par opposition à un droit individuel, et a été réaffirmé par la Déclaration de Vienne de 1993.

Le concept du droit au développement est controversé. La signification du droit au développement a été élaboré dans un certain nombre de politiques.

Le droit au développement est désormais inclus dans le mandat de plusieurs institutions et bureaux de l'ONU.

Le préambule de la Déclaration sur le droit au développement stipule que « le développement est un processus économique, social, culturel et politique, qui vise à l'amélioration constante du bien-être de toute la population et de tous les individus sur la base de leur actif, participation libre et significative au développement et à la répartition équitable des avantages qui en résultent ».

La Conférence mondiale sur les droits de l'homme réaffirme le droit au développement, tel que défini dans la Déclaration sur le droit au développement, en tant que droit universel et inaliénable qui fait partie intégrante des droits fondamentaux de l'homme.

Comme il est indiqué dans la Déclaration sur le droit au développement, la personne humaine est le sujet central du développement.

Si le développement facilite la jouissance de tous les droits de l'homme, l'absence de développement ne peut être invoqué pour justifier la limitation des droits de l'homme internationalement reconnus.

C'est donc très simple à comprendre !

Les États africains devraient coopérer les uns avec les autres pour assurer le développement et éliminer les obstacles au développement sur le continent.

Le rôle de la communauté internationale est de promouvoir une coopération internationale efficace pour la réalisation du droit au développement et l'élimination des obstacles au développement.

Les progrès durables vers la mise en œuvre du droit au développement exige des politiques de développement efficaces au niveau national, ainsi que des relations économiques équitables et un environnement économique favorable au niveau international.

La Déclaration de Rio sur l'environnement et le développement reconnaît le droit au développement comme l'un de ses 27 principes :

« Le droit au développement doit être réalisé de façon à satisfaire équitablement les besoins relatifs au développement et à l'environnement des générations présentes et futures ».

Déclaration sur les droits des peuples autochtones

La Déclaration sur les droits des peuples autochtones reconnaît le droit au développement en tant que droit de peuples autochtones.

La déclaration stipule dans son préambule que l'Assemblée générale « reconnaît que les peuples autochtones ont subi des injustices historiques à cause, entre autres, de la colonisation et de la dépossession de leurs terres, territoires et ressources, les empêchant ainsi d'exercer, notamment, leur droit au développement conformément à leurs propres besoins et intérêts ».

« Les peuples autochtones ont le droit de définir et d'élaborer des priorités et des stratégies pour l'exercice de leur droit au développement ».

En particulier, les peuples autochtones ont le droit de participer activement à l'élaboration et la détermination de la santé, le logement et d'autres programmes économiques et sociaux les concernant et, autant que possible, d'administrer ces programmes par l'intermédiaire de leurs propres institutions.

Changements sociaux

Le changement social fait référence à une modification de l'ordre social d'une société.

Le changement social peut inclure des changements selon la nature, les institutions sociales, les comportements sociaux, ou les relations sociales.

Le changement social peut se référer à la notion de progrès social ou évolution socioculturelle, l'idée philosophique que la société va de l'avant par des moyens dialectiques ou d'évolution.

Il peut se référer à un changement paradigmatique dans la structure socio-économique, par exemple l'abandon de la féodalité pour le capitalisme.

En conséquence, il peut également se référer à la révolution sociale, tels que la révolution socialiste présentée dans le marxisme, ou à d'autres mouvements sociaux, tels que le droit de vote des femmes ou les mouvements des droits civiques.

Le changement social peut être entraîné par les forces culturelles, religieuses, économiques, scientifiques ou technologiques.

La psychologie du développement peut jouer un rôle dans le changement social.

Le changement vient de deux sources.

Une source des facteurs aléatoires ou uniques tels que le climat, la météo, ou la présence de groupes spécifiques de personnes.

Par exemple, un développement réussi à les mêmes exigences générales qu'un gouvernement stable et flexible qui a suffisamment de ressources libres et disponibles pour les organisations sociales diversifiées de la société.

Dans l'ensemble, le changement social est habituellement une combinaison de facteurs systématiques et de certains facteurs aléatoires ou uniques.

Il existe de nombreuses théories du changement social.

En règle générale, une théorie du changement devrait inclure des éléments tels que les aspects structurels du changement (comme les déplacements de population), les processus et les mécanismes de changement social, et les directions de changement.

Le modèle Marxiste qui présente un concept dialectique et matérialiste de l'histoire est un exemple populaire ; l'histoire de l'humanité est une lutte fondamentale entre les classes sociales.

Les changements sociaux actuels

L'un des changements les plus évidents qui se produit actuellement est le changement dans la répartition de la population africaine relative entre les régions.

Dans les dernières décennies, les pays en développement sont devenus une grande proportion de la population mondiale, passant de 68 % en 1950 à 82 % en 2010, alors que la population des pays développés a diminué de 32 % de la population totale du monde en 1950 et à 18 % en 2010.

En effet, la croissance de la population du monde ralentit pendant que la croissance démographique des pays africains qui sont les moins avancés a connu une augmentation annuelle de 2,7 %.

Progrès social

Le progrès social est l'idée que les sociétés peuvent s'améliorer en termes de leurs structures sociales, politiques et économiques.

Cela peut se produire à la suite de l'action humaine directe, comme dans l'entreprise sociale ou par l'activisme social, ou comme une partie naturelle de l'évolution socioculturelle.

Le concept de progrès social a été introduit en Afrique après la colonisation et est présent dans les programmes d'enseignements supérieures.

Comme un but, le progrès social a été préconisée par les communautés et les idéologies politiques qui ont des différentes théories sur la façon dont il doit être atteint.

Il se présente sous plusieurs aspects :

– Capacité de discussion entre groupes d'intérêts divergents ;

– Augmentation du temps libre pour les travailleurs, amélioration des conditions de travail (diminution des accidents de travail) ;

– Augmentation du confort des personnes : système de santé performant et accessible à tous, système d'éducation, mise en place pour les personnes qui vivent dans les milieux ruraux, reconnaissance des identités minoritaires, protection de l'enfance…

– Démocratisation et transparence des pouvoirs institués.

Liberté de choix et d'opinion

Elle se concrétisera dans des institutions officielles : Union Africaine (UA), ONG, Partis politiques, Syndicalisme, Sécurité sociale, Assurances mutuelles, Conseil constitutionnel, Cour des comptes, etc…

Le progrès social permettra non seulement la mise en place de la sécurité sociale africaine (SSA) qui englobera les allocations familiales, les pensions, le chômage, le remboursement des soins de santé, les congés payés, etc… mais également l'instauration d'un numéro de sécurité social (NSS) ou revenu d'intégration sociale, financés par chaque États africains pour le bien des peuples africains.

Le droit au logement, la gratuité de la scolarité, etc. tous ces droits fondamentaux sont dus au progrès social.

Contrairement à une idée très répandue selon laquelle le progrès social découle forcément d'un affrontement entre patrons et salariés, celui-ci est surtout dû au progrès économique.

D'ailleurs, de nombreuses réformes considérées aujourd'hui comme des « acquis sociaux », ont été votées grâce à la croissance économique.

Les progrès sociaux peuvent être obtenus de différentes façons, parfois par :

– développement du niveau de vie, fortement tributaire du développement économique ;

– négociation au sein de la société, de la branche, de l'État, ces négociations sont en général obtenues par l'action des syndicats ;

– voie législative : un parti politique au pouvoir décide d'un progrès social et vote une loi en ce sens, c'est souvent la formalisation d'une négociation passée, mais parfois des progrès sociaux se font sans l'aide des syndicats.

Justice sociale

La justice sociale est la relation juste et équitable entre l'individu et la société. Elle est mesurée par les termes explicites et tacites de la répartition des richesses, des possibilités d'activité personnelle et privilèges sociaux.

Le concept de la justice sociale a souvent fait référence

au processus de veiller à ce que les personnes remplissent leurs rôles sociaux et de recevoir ce qui leur était dû par la société.

Dans notre mouvement africain pour la justice sociale, l'accent sera mis sur les barrières de la mobilité sociale, la création d'une couverture de sécurité et la justice économique.

La justice sociale attribue des droits et des devoirs dans les institutions de la société, ce qui permettra aux africains de recevoir les prestations de base et les charges de la coopération.

Les institutions concernées incluent souvent la fiscalité, l'assurance sociale, la santé publique, l'école publique, les services publics, le droit de travail et la réglementation des marchés, pour assurer une répartition équitable des richesses, l'égalité des chances et l'égalité des résultats.

Les interprétations qui se rapportent à une relation réciproque dans nos sociétés africaines sont médiés par les différences des traditions culturelles, dont certains mettent l'accent sur la responsabilité individuelle envers la société et d'autres l'équilibre entre l'accès au pouvoir et son utilisation responsable.

Par conséquent, la justice sociale est invoquée aujourd'hui à cause des différences entre les êtres humains, des efforts pour l'égalité, de l'égalité raciale et sociale, pour la défense de la justice des migrants, des prisonniers, de l'environnement, et des personnes handicapées physiquement et mentalement.

Depuis le début du 21ème siècle, la justice sociale a également été intégré dans les lois et les institutions des pays africains.

16

En 1993, la Déclaration et le Programme d'action de Vienne traite la justice sociale comme un objectif de l'éducation aux droits de l'homme.

Christianisme

L'enseignement social catholique se compose des aspects sur la justice sociale qui se rapportent à des questions portant sur le respect de la vie humaine individuelle.

Un trait distinctif de la doctrine sociale catholique est sa préoccupation pour les membres les plus pauvres et les plus vulnérables de la société.

On peut citer plusieurs domaines clés de l'enseignement social catholique sont pertinents pour la justice sociale.

La vie et la dignité de la personne humaine

Le principe fondamental de tout enseignement social catholique est le caractère sacré de la vie humaine et la dignité inhérente à toute personne humaine, de la naissance à la mort naturelle.

La vie humaine doit être valorisée au-dessus de tous les biens matériels.

L'option préférentielle pour les pauvres

Les catholiques croient que Jésus-Christ a enseigné aux chrétiens comment aider les pauvres.

L'Église catholique croit que, grâce à des paroles, des prières et des actes, un individu peut faire preuve de solidarité et de compassion pour les pauvres.

Le test moral de toute société est de savoir comment elle traite ses membres les plus pauvres.

Les pauvres ont le droit moral le plus urgent sur la conscience d'une nation.

Les gens doivent être appelés à examiner les décisions de politique publique en relation avec la façon dont ils considèrent les pauvres.

Même avant qu'il ne soit proposé dans la doctrine sociale catholique, la justice sociale est apparue régulièrement dans l'histoire de l'Église catholique.

Le pape Léon XIII a publié en 1891, un livre sur les conditions de vies des pauvres, dans lequel il rejetait à la fois le socialisme et le capitalisme, pour défendre les syndicats et la propriété privée.

Il a déclaré que la société devrait être basée sur la coopération et non la lutte des classes et la concurrence.

Le pape avait souligné que le rôle de l'État était de promouvoir la justice sociale à travers la protection des droits, tandis le rôle de l'Église était d'intervenir dans les problèmes sociaux afin d'enseigner les principes humains à travers la justice et veiller à la classe d'harmonie.

L'Église avait encouragé tous ses serviteurs à obtenir un salaire décent et préconisé que la justice sociale est une vertu personnelle ainsi qu'un attribut de l'ordre social, en affirmant qu'une société ne peut être juste que si les individus et les institutions sont justes.

Le Pape Jean-Paul II était aussi un ardent défenseur de la justice et des droits de l'homme.

Il a abordé des questions telles que les problèmes que la technologie pourrait présenter si elle doit être utilisé à mauvais escient, et a exprimé une crainte sur les progrès du monde s'ils doivent dénigrer la valeur de la personne humaine.

Il a fait valoir que la propriété privée, les marchés, et le travail honnête étaient les clés pour soulager la misère des pauvres et permettre une vie qui peut exprimer la plénitude de la personne humaine.

La doctrine catholique sur la justice sociale peut être trouvé dans le livre de la Doctrine sociale de l'Église, publié en 2004 et mis à jour en 2006 par le Conseil pontifical.

Le Catéchisme contient plus de détails sur l'opinion de l'Eglise concernant la justice sociale

L'Islam

Le Coran contient de nombreuses références liées à la promotion de la justice sociale. Par exemple, l'un des cinq piliers de l'Islam est la Zakat ou l'aumône qui est une action caritative pour l'assistance aux pauvres.

Les concepts centraux de la justice sociale sont et ont toujours été des éléments importants de la foi islamique.

En effet, la gouvernance islamique a souvent été associée à la justice sociale.

La mise en place de la justice sociale a été l'un des facteurs de la révolte abbasside contre les Omeyyades. Les chiites croient que le retour du Mahdi s'annoncera dans l'ère messianique de la justice.

Les Frères musulmans ont tenu une obligation d'aider les autres musulmans pauvres.

Ils ont estimé que la zakat (aumône) n'était pas la charité volontaire, mais que les pauvres ont droit à l'assistance du plus heureux.

La plupart des gouvernements islamiques appliquent la zakat à travers un impôt obligatoire.

Bien que les dons soient le moyen le plus pratique de la zakat, la religion est profondément enracinée dans les principes du volontariat et de l'activisme social.

Par exemple, le bien-être écologique de la planète, la protection des animaux, le réchauffement climatique, la dégradation des ressources naturelles, sont des campagnes aux cours desquelles tout musulman doit adhérer.

Allah exige que les sociétés islamiques assurent en cas de besoin la protection ou la sécurité des populations minoritaires, à savoir : les femmes ou les personnes de couleur, les enfants, les personnes âgées, les personnes physiquement handicapées et les animaux.

Le développement rural

Le développement rural est le processus d'amélioration de la qualité de vie et le bien-être économique des personnes vivant dans des zones relativement isolées et peu peuplées.

Le développement rural est traditionnellement centré sur l'exploitation des ressources naturelles terrestres intensives telles que l'agriculture et la foresterie.

Toutefois, les changements sociaux et l'augmentation des populations dans les milieux urbains ont changé le caractère des zones rurales en Afrique.

Le développement du tourisme et des loisirs a remplacé l'extraction des ressources et de l'agriculture en tant que moteurs économiques dominants.

La nécessité pour les communautés rurales d'aborder le développement dans une perspective plus large a créé un large éventail pour les objectifs de développement au détriment de la création d'entreprises agricoles.

L'éducation, l'esprit d'entreprise et les infrastructures modernes jouent un rôle important dans le développement des régions rurales.

Le développement rural est également caractérisé par l'accent mis sur les stratégies de développement économique produites localement.

Contrairement aux régions urbaines, qui ont beaucoup similitudes, les zones rurales sont très distinctives les uns des autres.

Voilà pourquoi nous constatons un développement des zones rurales dans tous les pays africains.

Les actions du développement

Les actions du développement rural ont pour objectif le développement social et économique des zones rurales.

Les programmes de développement rural sont généralement initiés par les autorités locales ou régionales, les agences régionales de développement, les ONG, les gouvernements nationaux et les organisations internationales de développement.

Cependant, les populations locales peuvent également apporter des initiatives de développement.

Le développement rural vise à trouver les moyens pour améliorer les conditions de vie en milieu rural avec la participation des populations rurales elles-mêmes de manière à répondre aux besoins nécessaires des zones rurales.

Il ne dépend pas du contexte, de la culture, la langue et des autres aspects répandues dans la région.

En tant que tel, les africains eux-mêmes doivent participer à leur développement rural durable.

Dans les pays exemplaires comme le Maroc, l'Algérie, l'Afrique du Sud, l'Angola, le Cameroun, le Sénégal, la Côte-d'Ivoire, le Bénin, le Gabon et dans mon pays le Congo-Brazzaville, des approches de développement intégrées sont suivies.

Dans ce contexte, de nombreuses approches et idées seront développées et suivies.

Développement régional

Le développement régional est la fourniture de l'aide aux régions économiquement moins développées.

Le développement régional peut être nationale ou internationale dans sa nature.

Les implications et la portée du développement régional peuvent donc varier en fonction de la définition d'une région, et comment la région et ses limites sont perçus intérieurement et extérieurement.

L'aide au développement

L'aide au développement (également l'assistance technique, l'aide internationale, l'aide à l'étranger, l'aide publique au développement, ou l'aide extérieure) est une aide financière accordée par les gouvernements et d'autres organismes pour soutenir le développement économique, environnemental, social et politique d'un pays.

Elle se distingue de l'aide humanitaire en mettant l'accent sur la réduction de la pauvreté à long terme, plutôt que d'une réponse à court terme.

La coopération au développement à long terme, qui est utilisé, par exemple, par l'Organisation mondiale de la santé (OMS), est utilisé pour exprimer l'idée de partenariat qui devrait exister entre donneur et receveur, plutôt que la situation traditionnelle dans laquelle la relation a été dominée par la richesse et les connaissances spécialisées.

La plupart des aides au développement proviennent des pays développés, mais certains pays africains contribuent également.

L'aide peut être bilatérale : directement donnée d'un pays à un autre ; ou elle peut être multilatérale : donné par un pays donateur à une organisation internationale telle que la Banque mondiale ou les agences des Nations Unies (PNUD, UNICEF, ONUSIDA, etc.), qui distribue ensuite cette aide parmi les pays en développement souvent africains. La proportion est actuellement d'environ de 70 % bilatérale et 30 % multilatéral.

Environ 85 % des aides au développement proviennent des sources gouvernementales comme l'Aide publique au développement (APD).

Les 20 % restants proviennent des organisations privées telles que les organisations non gouvernementales (ONG), les fondations et les autres organismes de bienfaisance.

En outre, les envois des fonds par les immigrants africains qui travaillent et vivent dans les pays développés constituent une quantité importante de l'aide au développement de l'Afrique.

L'Aide publique au développement (APD) est une forme de l'aide organisée par les gouvernements du monde entier.

La plupart des aides publiques au développement (APD) proviennent des 28 membres du Comité d'aide au développement (CAD), soit environ 135 milliards de dollars en 2013.

Bien que l'aide au développement ait augmenté en 2013 pour le plus haut niveau jamais enregistré, une tendance décroissante de l'aide destinée aux pays africains les plus démunis sub-saharienne est visible.

Caractéristiques

L'aide au développement est souvent assurée pour soutenir les projets de développement.

Dans les pays africains, il arrive parfois qu'aucun code de conduite strict soit en vigueur.

Dans certains pays, les travailleurs de l'aide au développement ne respectent pas le code de conduite local.

Dans les pays en développement fournisseurs de l'aide, ces questions sont considérées comme très importantes et ne pas respecter cela peut entraîner à des sanctions graves.

Il y a aussi beaucoup de débats sur l'évaluation de la qualité de l'aide au développement, plutôt que la quantité.

Par exemple, les donateurs peuvent aider un pays grâce à des preuves d'une bonne politique économique (progrès économique) ou le respect des institutions démocratiques.

Un indice de développement mesure les politiques globales des bailleurs de fonds et évalue la qualité de leur aide au développement.

Corruption politique

La corruption politique est l'utilisation des biens publiques de l'État par des représentants du gouvernement, pour un avantage personnel illégal.

Un acte illégal constitue la corruption politique que si cet acte est directement lié à une fonction officielle, si cet acte se fait sous couvert de la loi ou implique le trafic d'influence.

Il existe plusieurs formes de corruption : l'extorsion, le copinage, le népotisme, le provincialisme patronal, trafic d'influence, et les détournements de fonds.

La corruption peut faciliter les entreprises criminelles tels que le trafic de drogue, le blanchiment d'argent et la traite des personnes, mais ne se limite pas à ces activités.

Les abus de pouvoir du gouvernement, telles que la répression des opposants politiques et la brutalité de la police générale, est également considéré comme une corruption politique.

Les activités qui constituent la corruption illégale diffèrent selon le pays ou la juridiction.

Par exemple, certaines pratiques de financement

politique qui sont légales dans un endroit peuvent être illégales dans un autre.

Dans la majorité des pays africains, les responsables gouvernementaux ont des pouvoirs étendus ou mal définis qui rendent difficiles la distinction entre les actions légales et illégales.

L'état de la corruption politique effréné est connue comme sous le nom de kleptocratie, qui signifie littéralement « règlements des voleurs ».

Certaines formes de corruption comme la corruption institutionnelle se distinguent de la corruption politique.

Un problème similaire se pose dans la corruption institutionnelle qui dépend du soutien financier des personnes qui ont des intérêts en conflit avec le but principal de l'institution.

Effets de la corruption

Effets sur la politique, l'administration et les institutions

En Afrique, la corruption détruit la démocratie et la bonne gouvernance en bafouant ou même en inversant les processus formels.

La corruption pendant les élections et à l'Assemblée législative réduit la responsabilité et augmente le nombre de fausse représentation dans l'élaboration des politiques ;

La corruption dans le système judiciaire compromet l'état de droit ; et la corruption dans l'administration publique se traduit par la mise à disposition inefficace des services.

Généralement, la corruption diminue la capacité institutionnelle du gouvernement si les procédures ne sont pas respectées, quand les ressources sont détournées et lorsque les bureaux publics sont achetés par l'État et revendus ou occupés par les fonctionnaires.

En Afrique, la corruption détruit la légitimité du gouvernement et des valeurs démocratiques.

Des données récentes suggèrent que la variation des niveaux de corruption entre les pays africains pauvres et riches peut varier considérablement en fonction du niveau de responsabilité.

La preuve des démocraties fragiles montre également que la corruption peut nuire la vie des institutions.

Effets économiques

Dans le secteur privé, la corruption augmente les coûts des entreprises à travers le prix des paiements illicites, le coût de gestion de négocier avec les responsables et le risque d'accords violés.

Bien que certaines corruptions de réclamation réduit les coûts de la bureaucratie, la disponibilité des pots de vin peut également inciter les agents à ingénier des nouvelles règles et des retards.

La suppression des règlements longs et coûteux sont mieux que la proposition des pots de vin.

Lorsque la corruption augmente le coût des affaires, elle détruit aussi le terrain de jeu, les connexions et la concurrence.

La corruption génère également des distorsions économiques dans le secteur public en détournant les investissements publics à partir des projets d'immobilisations où des pots de vin et l'organisation des commissions occultes.

Les fonctionnaires peuvent augmenter la complexité technique des projets du secteur public en détournant les investissements de l'État.

La corruption diminue également le respect de l'environnement ou des autres règlements, réduit la qualité des services et des infrastructures gouvernementales et augmente les pressions budgétaires sur le gouvernement.

Nous pouvons affirmer que l'un des facteurs qui expliquent le faible développement économique des pays africains est la corruption qui s'est installé dans les mentalités comme le moyen le plus rapide pour s'enrichir.

La majorité des détournements de fonds publics sont pas organisés par les président de la République, mais plutôt par les hauts fonctionnaires de l'État qui déplacent l'argent vers l'étranger.

Par exemple, le fils de Abdoulaye Wade, l'ancien président du Sénégal est accusé d'avoir détourné plus de 600 000 millions de dollars publics.

Karim avait été arrêté après l'élection du nouveau président de la République, Macky Sall.

Mais souvent, beaucoup de président africains dictateurs possèdent des comptes bancaires à l'étranger, notamment en Europe.

Au Nigeria, par exemple, plus de 100 milliards de dollars a été volé du trésor par les dirigeants du gouvernement de Goodluck Jonathan.

Nous pouvons estimer que de 2000 à 2016, les détournements de 30 pays africains ont totalisé plus de 500 milliards de dollars, dépassant largement la dette extérieure de nos nations.

Dans ce cas, l'un des facteurs liés à ce comportement est l'instabilité politique et le fait que, souvent, les nouveaux gouvernements confisquent les avoirs obtenus des gouvernements précédents.

Cela encourage les fonctionnaires à cacher leur

richesse à l'étranger, hors de la portée de toute expropriation future.

Les effets environnementaux et sociaux

La corruption est souvent évidente dans les pays africains car nous possédons les plus petits revenus par habitant au monde et comptant sur l'aide étrangère pour les services de nos États.

L'interception politique locale de l'argent donné aux pays africains est exagérée car environ la moitié des fonds qui sont donnés sous forme d'aide au développement comme dans le domaine de la santé ne sont jamais investi dans les secteurs publics de la santé ou remis à ceux qui ont besoin d'une attention médicale.

Dans le domaine de la santé, l'argent donné va être plutôt dépensé en achetant des médicaments contrefaits ou médicaments du marché noir.

En fin de compte, il y a une quantité suffisante d'argent qui alimentera la corruption locale au détriment des classes moyennes.

La corruption facilite aussi la destruction environnementale.

Alors que les sociétés corrompues peuvent avoir une législation formelle pour protéger l'environnement, elles ne peuvent pas être appliquée lorsque les fonctionnaires peuvent facilement être soudoyés.

Cela vaut également pour la protection des droits sociaux des travailleurs, la prévention de la syndicalisation et du travail des enfants.

La violation de ces lois permet aux pays corrompus d'obtenir des avantages économiques sur le marché international.

Pendant que la sécheresse et d'autres événements naturels augmentent la famine en Afrique, les présidents de la République sont préoccupés par leurs réélections à la tête des pays fragiles.

Les gouvernements africains corrompus détruisent la sécurité alimentaire même lorsque les récoltes sont bonnes.

Les fonctionnaires volent souvent la richesse de l'Etat.

La République centrafricaine est l'un des premiers pays au monde qui dépend complètement de l'aide extérieure.

En République centrafricaine, plus de 80 % de l'aide alimentaire subventionnée est volé par des fonctionnaires corrompus.

L'aide alimentaire est souvent volé par les gouvernements, les criminels et les seigneurs de guerre et vendu pour un bénéfice.

De 2000 à 2016, il y a eu de nombreux exemples d'atteinte à la sécurité alimentaire dans beaucoup de pays africains, et parfois intentionnellement.

Effets sur l'aide humanitaire

L'ampleur de l'aide humanitaire aux pays africains pauvres et instables se développe, mais souvent vulnérable à la corruption.

L'aide alimentaire peut être directement et physiquement détourné de sa destination prévue, ou indirectement par la manipulation des évaluations, le ciblage, l'enregistrement et la redistribution pour favoriser certains groupes ethniques ou individus.

Dans la construction des infrastructures par exemple, il y a de nombreuses possibilités de détournement et de profit par le biais de l'utilisation des matériaux de mauvaise qualité, la promotion des commissions occultes pour les contrats et le favoritisme dans la fourniture du matériel précieux.

Tandis que les organismes d'aide humanitaire sont généralement plus préoccupés par un partage équitable, les bénéficiaires africains sont plus préoccupés par l'exclusion.

En Afrique, l'accès à l'aide peut être limitée à ceux qui ont des connexions, à ceux qui paient des pots de vin ou en donnant des faveurs sexuelles.

Ensuite, les gouvernements africains manipulent les statistiques pour gonfler le nombre de bénéficiaires et de demander une aide supplémentaire.

Dans les pays africains, les cas de corruption et d'autres formes de corruption dans tous les domaines possibles existent : la santé (paiements versés aux médecins par les patients qui tentent d'être en haut de la liste d'attente), la sécurité publique (la corruption de la police), l'éducation, des pots de vin payés par les industries étrangères afin de vendre des produits de faible qualité utilisés par exemple dans les équipements (la Chine est reconnu pour vendre en Afrique ses produits contrefaits qui ne mettent pas beaucoup de temps), les contributions versées par les parents riches au fonds social d'une université prestigieuse en échange d'accepter leurs enfants, des pots de vin payés pour obtenir des diplômes, en échange des votes pendant les élections, etc.

Ces diverses manifestations de la corruption peuvent finalement présenter un danger pour le développement économique des pays africains.

Promouvoir cette mentalité peut discréditer les

institutions essentielles ou les relations sociales.

La corruption peut également affecter les différentes composantes des activités sportives (arbitres, joueurs, le personnel médical et les laboratoires impliqués dans les contrôles anti-dopage, les membres de la fédération nationale du sport et des comités internationaux qui décident de l'attribution des contrats et des lieux de compétition).

Plusieurs cas de corruption existent dans les différents types d'organismes non gouvernementaux ainsi que des organisations religieuses.

En fin de compte, la distinction entre la corruption du secteur public et privé semble parfois un peu artificielle, et des initiatives nationales de lutte contre la corruption doivent être réellement respectées pour éviter des lacunes juridiques et combattre ce fléau.

Caractéristiques de la Corruption politique

Les pots de vin

Dans le contexte de la corruption politique en Afrique, un pot de vin peut impliquer un paiement donné à un fonctionnaire du gouvernement en échange de son utilisation des pouvoirs officiels.

La corruption implique deux participants : un donneur et un receveur.

Par exemple, un fonctionnaire des douanes peut exiger des pots de vin pour laisser passer des marchandises ou un contrebandier pourrait offrir des pots de vin pour obtenir son passage.

Dans la majorité des pays africains, la culture de la corruption s'étend à tous les aspects de la vie publique, ce qui rend la réalisation d'une procédure administrative ou judiciaire impossible sans avoir recours à des pots de vin.

Ils peuvent également être exigé afin de contourner les lois et règlements.

En plus de leur rôle de gain financier, les pots de vin sont également utilisés pour causer intentionnellement et malicieusement préjudice à un adversaire.

Dans presque tous les pays africains, jusqu'à la moitié de la population paye des pots de vin pour obtenir les avantages du gouvernement.

Au cours des dernières années, la communauté internationale a fait des efforts pour encourager les pays à dissocier la corruption active et passive et les incriminer comme des infractions distinctes.

On peut définir la corruption active comme l'action de promettre, d'offrir ou de donner, directement ou indirectement, un avantage à un individu en échange de l'argent ou du sexe.

La corruption passive peut être définie comme des actions commises intentionnellement, directement ou indirectement, pour donner ou acquérir un avantage.

Cette dissociation a pour but de faire les premiers pas : offrir, promettre ou demander un avantage.

En outre, une telle dissociation rend la poursuite des infractions de corruption plus difficile en Afrique car c'est souvent très difficile de prouver qui est le corrupteur ou le corrompu.

« Corruption » signifie solliciter, offrir, donner ou accepter, directement ou indirectement, un pot de vin ou tout autre avantage.

Le trafic d'influence

Le trafic d'influence désigne l'action de vendre son influence ou son pouvoir pour obtenir des avantages financiers.

Il peut être difficile de faire une distinction entre cette forme de corruption et les pots de vin.

Le Patronage

Le patronage est généralement considéré comme l'acte intentionnel de donner l'argent ou le sexe pour obtenir un emploi dans la fonction publique ou dans une société privée.

En Afrique, le patronage est très fréquent dans tous les aspects de la vie.

C'est même devenu une culture pour les incompétents.

Par exemple, lorsqu'un gouvernement nouvellement élu change les hauts responsables de l'administration afin de réaliser efficacement sa politique, il y a patronage dans la nomination des personnes incompétentes comme moyen de récompense pour avoir soutenu le régime.

La majorité des gouvernements africains possèdent de nombreux responsables choisis pour la loyauté au détriment de la capacité.

Ils peuvent être presque exclusivement choisis parmi un groupe ethnique particulier.

Par exemple, les nordistes soutiennent les présidents nordistes et les sudistes soutiennent les présidents sudistes, en échange des faveurs.

Un problème similaire peut aussi être vu en Afrique où les gouvernements sont maîtres du favoritisme (quand un nouveau gouvernement arrive au pouvoir, il change rapidement la plupart des fonctionnaires du secteur public).

Népotisme et clientélisme

Privilégier ses parents (népotisme) ou amis personnels (clientélisme) est une forme de corruption très grave.

En effet, le népotisme est le sang qui coule dans les veines des africains à cause du manque d'une éducation de qualité même chez certains présidents de la République.

Beaucoup des membres des gouvernements africains ne sont pas réellement éduqués car ils représentent les vrais produits de la corruption avec des diplômes qui ne sont généralement pas mérités.

Le népotisme est considéré comme expression positive de la culture africaine.

C'est donc normal pour les africains de promouvoir le népotisme dans tous les domaines de vie humaine.

En Afrique, le népotisme est une mentalité que nous avons hérité de nos ancêtres.

Un véritable africain ne doit jamais combattre le népotisme car nous avons un devoir moral de défendre l'héritage de nos ancêtres.

L'exemple le plus extrême est lorsque l'état entier est hérité, comme au Gabon ou au Togo.

Une autre forme plus douce de clientélisme est l'existence depuis la fin de la colonisation, des réseaux de vieux amis à partir desquels les personnes nommées à des postes officiels sont sélectionnés.

Les femmes et les minorités sont aussi exclues du système en Afrique.

Chercher à nuire à ses ennemis devient une corruption lorsque les pouvoirs officiels sont illégitimement utilisés comme des moyens efficaces pour abattre les opposants.

Par exemple, plusieurs fausses accusations sont souvent portées contre les journalistes ou les écrivains qui exposent les questions politiquement sensibles des pays africains, tels que les pots de vin.

Le Provincialisme

Le provincialisme est connu comme l'action de placer les intérêts locaux au détriment de l'intérêt national.

Par exemple, dans la politique africaine, les présidents de la République favorisent leurs partis politiques dans le but d'affaiblir ou même de détruire les autres partis politiques souvent de l'opposition.

Dans certains cas, des fonctionnaires de l'État qui devraient partir à la retraite ou à la fin de leurs carrières politiques recevraient automatiquement une haute direction ou position au sein du gouvernement.

Cela s'applique aussi dans les forces armées des pays africains où la majorité des Généraux et hauts gradés doivent être issus du même village ou de la même région que le président de la République pour obtenir la gestion d'un commandement.

La fraude électorale

La fraude électorale est une ingérence illégale dans le processus d'une élection.

Les actes de fraude affectent les votes à travers les résultats des élections, que ce soit en augmentant la nombre des votes du candidat favori ou en détruisant les votes des candidats rivaux.

Les mécanismes impliqués comprennent l'inscription

illégale des électeurs, l'intimidation, et des faux comptages.

En Afrique, les élections présidentielles, législatives et locales sont organisées grâce à la fraude électorale.

Franchement, sans fraude électorale il n'y aura pas d'élections en Afrique car la fraude fait partie de nos mentalités et des exemples pour la promotion des valeurs.

La fraude coule dans les veines des africains depuis que la civilisation cohabite avec les coutumes.

Avant l'avènement de la civilisation Européenne en Afrique, la fraude n'existait même pas car aucun africain pouvait s'abstenir de dire la vérité.

La culture africaine était caractérisée par l'amour et l'honnêteté.

Détournements de fonds

Le détournement est le vol des fonds confiés et implique directement l'argent public pris par un agent public pour une utilisation irresponsable et non justifiée.

Un type courant de détournement de fonds est l'utilisation personnelle des ressources publiques.

En Afrique, les détournements de fonds publics sont très courants et représente le moyen le plus rapide de s'enrichir.

Voilà pourquoi les jeunes ne veulent plus recevoir une formation professionnelle car la politique africaine offre des avantages financiers rapides.

Les alliances

Une alliance est une coalition entre des groupes fondamentalement antagonistes pour l'obtention d'un gain caché.

Généralement les partis politiques au pouvoir forment

des liens avec les partis politiques jeunes, en fournissant des fonds en échange d'un traitement favorable.

Comme le patronage, ces alliances contre nature ne sont pas nécessairement illégales, mais contrairement au patronage, par son caractère trompeur et souvent de grandes ressources financières, une alliance contre nature peut être beaucoup plus dangereux pour l'intérêt public.

La corruption dans le système éducatif

La corruption dans l'éducation est un phénomène mondial. La corruption dans les admissions aux universités est traditionnellement considérée comme l'un des secteurs les plus corrompus du secteur de l'éducation.

En Afrique, il y a eu plusieurs tentatives pour lutter contre la corruption dans les universités. Des examens d'entrée sont largement respectées.

La corruption endémique dans les établissements d'enseignement conduit à la modernisation des infrastructures dans la majorité des pays africains.

La corruption de la police

La corruption de la police est une forme spécifique de l'inconduite policière visant à obtenir des avantages financiers ou l'avancement de carrière pour un ou plusieurs agents de police en échange de ne pas poursuivre une enquête ou arrestation.

En Afrique, une forme commune de la corruption de la police encourage les agents à accepter des pots de vin en échange de protection des réseaux de drogue ou de prostitution organisés ou d'autres activités illégales.

Les policiers bafouent le code de la police afin

d'obtenir des condamnations de suspects, par exemple, par l'utilisation de preuves falsifiées.

Les agents de police participent à la criminalité organisée eux-mêmes. Dans la plupart des grandes villes africaines, il y a des sections des affaires intérieures pour enquêter sur la corruption policière soupçonnée.

Conditions favorables à la corruption

– Déficits d'information

Un déficit d'information est l'absence de la liberté de législation de l'information.

– Manque d'investigation

Le mépris ou la négligence de contrôle. Par exemple, l'application régulière des contrôles et des enquêtes afin de quantifier le degré de perception de la corruption dans les différentes institutions gouvernementales de nos pays africains, peut accroître la sensibilisation contre les pratiques de la corruption et créer une pression pour la combattre.

Cela permettra également une évaluation des fonctionnaires qui luttent contre la corruption et les méthodes utilisées.

Les paradis fiscaux qui taxent les entreprises refusent de divulguer les informations nécessaires.

– En Afrique, la société civile et les organisations non gouvernementales n'ont pas le droit de surveiller le gouvernement

– Fonction publique corrompue et la lenteur des réformes

– Faiblesse de l'indépendance judiciaire

– Faute de protection des dénonciateurs

– Investissements publics sans surveillance

– Manque de promotion

Dans la majorité des pays d'Afrique centrale, les fonctionnaires manquent de promotions.

Les gens peuvent garder un même poste pendant plus de 15 ans sans promotion.

Moi personnellement mon père, qui est un officier supérieur pilote de combat formé en ex Union Soviétique (URSS), est resté dans son poste de commandant de la base aérienne 02/20 de Pointe-Noire pendant plus de 14 ans.

Aujourd'hui en 2016, le Colonel Simon M'Bouity n'est pas toujours Général des Forces Armées Congolaises (FAC).

Rester dans une même fonction pendant longtemps peut créer des relations à l'intérieur et à l'extérieur du gouvernement, qui encouragent et facilite la corruption et le favoritisme.

Cependant, la rotation des représentants du gouvernement dans différentes positions et régions du pays peut aider à prévenir la corruption.

– Un groupe ou une famille unique contrôlant la plupart des bureaux clés du gouvernement

– Le manque de lois interdisant et le nombre de membres de la même famille dans une administration publique

– Moins d'interaction avec les fonctionnaires réduit les possibilités de corruption

Par exemple, l'utilisation d'Internet pour l'envoi des informations requises comme les formulaires, avec des systèmes informatiques automatisés.

Cela peut également accélérer le traitement et réduire les erreurs humaines involontaires.

– Une aubaine de l'exportation de ressources naturelles abondantes peut encourager la corruption

– Guerres civiles et d'autres formes de conflits

– Familles et la structure sociale d'un clan-centrée, avec une tradition de népotisme et du favoritisme

– Manque d'alphabétisation et d'éducation de la population

– Discrimination fréquente et intimidation de la population

– La solidarité tribale, donnant des avantages à certains groupes ethniques

– Création d'un système dans lequel une famille occupe le centre du pouvoir

– Le manque de lois strictes qui interdisent les membres de la même famille à participer aux élections dans un bureau commun

Problèmes du secteur public

Les dépenses publiques étendues et diversifiées présentent des risques de copinage, pots de vin, et détournement de fonds.

Les réglementations compliquées et arbitraires officielles sans surveillance aggravent ce problème.

Il est donc important de favoriser les politiques de privatisation et de déréglementation.

Comme d'autres activités économiques gouvernementales, la privatisation est aussi exposée au risque de copinage.

Par exemple, nous savons tous que ceux qui ont des liens politiques avec les gouvernements obtiennent injustement le contrôle des grandes entreprises privées.

Nos études ont fait valoir qu'en plus d'accroître l'efficacité opérationnelle, la corruption quotidienne est plus grande sans privatisation car la corruption est plus répandue dans les secteurs publics.

En outre, il existe des preuves pour suggérer que les activités extralégales et officieuses sont plus fréquentes dans les pays qui ont moins privatisé les entreprises publiques.

Une autre remarque est la distribution des fonds dans plusieurs instances de l'État qui découragera le détournement de fonds, parce que même les petites sommes manquantes seront remarquées.

La corruption gouvernementale

En Afrique, les plus hauts fonctionnaires des gouvernements profitent de la corruption ou des détournements de fonds publics.

Les membres du gouvernement peuvent tirer profit des ressources naturelles (par exemple, les diamants et le pétrole dans quelques cas importants) ou des industries productives appartenant à l'État.

Un certain nombre de gouvernements africains se sont enrichis grâce à l'aide étrangère, qui est souvent consacré au développement.

Une dictature corrompue se traduit généralement par de nombreuses années de pauvreté et misère générale pour la grande majorité des citoyens de la société civile.

En outre, les dictateurs africains ignorent systématiquement les problèmes économiques et sociaux dans leur quête de toujours amasser plus de richesse et de puissance.

Je ne vais pas essayer de citer des exemples car je ne

suis pas moi-même parfait et je ne suis certainement pas écrivain pour critiquer mais pour aider les frères africains à comprendre nos vrais problèmes, en contribuant au développement et au changement des mentalités.

Corruption de la justice

Il existe deux méthodes pour corrompre la justice : publique à travers la planification budgétaire et divers privilèges, et dans secteur privé.

En Afrique, le budget de la justice n'est pas indépendant, C'est-à-dire presque entièrement contrôlé par l'exécutif.

Celui-ci porte atteinte à la séparation des pouvoirs, car il crée une dépendance financière critique du pouvoir judiciaire.

La répartition de la richesse nationale appropriée, y compris les dépenses du gouvernement sur le pouvoir judiciaire est inclue dans l'économie constitutionnelle.

Honnêtement, la corruption judiciaire est très difficile à éliminer dans les pays africains.

Lutte contre la corruption

Les télécommunications mobiles et la radiodiffusion contribuent à lutter contre la corruption, en particulier en Afrique, où d'autres formes de communications sont limitées.

Plusieurs conventions ont été adoptées au niveau régional sous l'égide de l'Union africaine pour lutter contre la corruption.

Le but de ces conventions est d'aborder les différentes formes de corruption qui impliquent le secteur public, privé, le financement des activités politiques, etc.

Évaluer la corruption statistiquement est difficile en Afrique, voire impossible, en raison de la nature illicite des transactions et des définitions imprécises.

Bien que des indices de corruption existent depuis 1995, dont l'Indice de Perception de la Corruption (IPC), l'ensemble de ces mesures traitent différentes procurations, tels que l'ampleur du problème.

Transparency International est une Organisation Non Gouvernementale (ONG) qui lutte contre la corruption en Afrique.

En outre, la bonne gouvernance est mesurée à partir des indicateurs de la gouvernance comme le contrôle de la corruption, qui est défini comme la mesure selon laquelle le pouvoir est exercé à des fins privées par l'État.

L'une des meilleures solutions visent à initier des changements politiques en identifiant les sources et organisant des listes de contrôle vers une réforme progressive.

Conflits d'intérêts

Un conflit d'intérêts (CI) est une situation au cours de laquelle une personne ou une organisation est impliquée dans de multiples intérêts souvent financiers, qui pourrait éventuellement corrompre la motivation d'un l'individu ou d'une l'organisation.

La présence d'un conflit d'intérêts est indépendante de la survenance d'irrégularités.

Par conséquent, un conflit d'intérêts peut être identifié et volontairement désamorcée avant toute corruption.

Un conflit d'intérêts est un ensemble de circonstances qui favorisent les conditions où le jugement professionnel et les actions relatives à un intérêt primaire sont indûment influencés par un intérêt secondaire.

L'intérêt primaire se réfère aux principaux objectifs d'une profession ou activité, tels que la protection des clients, la santé des patients, l'intégrité de la recherche et les devoirs de la fonction publique.

L'intérêt secondaire comprend non seulement un gain financier, mais aussi le désir d'avancement professionnel et le désir de faire des faveurs à sa famille et les amis.

Mais des règles de conflit d'intérêt se concentrent généralement sur les relations financières parce qu'elles sont relativement plus objectives, fongibles et quantifiables.

Les intérêts secondaires ne sont pas considérés comme mauvais, mais deviennent inacceptables lorsqu'ils sont soupçonnés d'avoir plus de poids que les intérêts primaires.

Le conflit d'intérêts existe chez un individu qui est effectivement influencé par l'intérêt secondaire.

Il existe des circonstances raisonnables, sur la base de l'expérience passée et des preuves objectives, pour créer des conditions où les décisions peuvent être indûment influencées par les intérêts secondaires.

Plus généralement, les conflits d'intérêts peuvent être définis comme toute situation dans laquelle une personne physique ou morale (privée ou gouvernementale) est en mesure d'exploiter une capacité professionnelle ou officielle en quelque sorte à leur avantage personnel ou d'entreprise.

En fonction de la loi ou des règles liées à une organisation particulière, l'existence d'un conflit d'intérêts ne peut pas, en soi, constituer une preuve d'actes répréhensibles.

En fait, pour de nombreux professionnels, il est pratiquement impossible d'éviter d'avoir des conflits d'intérêts de temps à autre.

Un conflit d'intérêts peut toutefois devenir un point de vue juridique, par exemple, quand un individu cherche ou réussit à influencer le résultat d'une décision à des fins personnelles.

Un administrateur ou dirigeant d'une société est soumis à une responsabilité légale si un conflit d'intérêts viole son devoir de loyauté.

Il y a souvent confusion entre ces deux situations.

Quelqu'un accusé d'un conflit d'intérêts peut nier qu'il existe un conflit parce qu'il n'a pas agi de manière incorrecte.

En fait, un conflit d'intérêts peut exister même s'il n'y a pas d'actes impropres à la suite de celui-ci.

Une façon de comprendre cela est d'utiliser le terme conflit de rôles.

Une personne avec deux rôles qui détient des actions et est également un représentant du gouvernement, par exemple, peut rencontrer des situations où ces deux rôles sont en conflit.

Professionnellement, avoir deux rôles est pas illégal, mais les différents rôles vont certainement inciter à des actes inappropriés dans certaines circonstances.

A titre d'exemple, dans le domaine des affaires et de contrôle, le conflit d'intérêts est une situation dans laquelle un auditeur interne, qui est dans une position de confiance, a un intérêt professionnel ou personnel en compétition.

Ces intérêts concurrents peuvent empêcher l'individu de remplir ses fonctions en toute impartialité.

Un conflit d'intérêts existe même si aucun acte est contraire à l'éthique ou inappropriés.

Un conflit d'intérêts peut créer une apparence d'irrégularité qui peut miner la confiance dans l'auditeur interne, l'activité d'audit interne, et de la profession elle-même.

Un conflit d'intérêts pourrait nuire à la capacité d'un individu à exercer ses fonctions et responsabilités de manière objective.

Formes les plus courantes de conflit d'intérêts

Auto-traitant : dans lequel un individu qui contrôle une organisation réalise une transaction avec un fonctionnaire ou avec une autre organisation qui profite à l'officiel.

Le fonctionnaire est sur les deux côtés de l'affaire.

Emploi à l'extérieur : les intérêts d'un conflit de travail avec un autre.

Népotisme : dans lequel un conjoint, un enfant ou un autre parent proche est employé (ou applique pour l'emploi) par un individu, ou lorsque les marchandises ou les services sont achetés auprès d'un parent ou d'une société contrôlée par un parent.

Pour éviter le népotisme dans le recrutement, les entreprises doivent exiger que le demandeur ne soit pas lié à un employé de la société.

Cela entraînera à la récusation si le parent employé a un rôle dans le processus d'embauche.

Si tel est le cas, le parent pourrait alors récuser toute décision d'embauche.

Cadeaux d'amis : faire des affaires avec la personne qui reçoit les dons par des particuliers ou des sociétés dans lesquelles le destinataire du cadeau est employé.

Ces cadeaux peuvent inclure des choses non tangibles de valeur tels que le transport et l'hébergement.

Vice-versa : dans lequel un courtier en valeurs qui possède une sécurité gonfle artificiellement le prix ou propage des rumeurs, expose la sécurité, ajoute une valeur courte et répand des rumeurs négatives pour pousser le prix vers le bas.

D'autres actes inappropriés qui sont parfois classés

comme des conflits d'intérêts sont probablement mieux classés ailleurs.

Les pots de vin peuvent être classés comme une corruption.

L'utilisation des attributs de l'État ou des entreprises pour un usage personnel est considérée comme de la fraude.

La diffusion d'informations confidentielles peut être considéré comme un conflit d'intérêts.

Pour ces actes inappropriés, il n'y a pas de conflit inhérent des rôles.

Nous pouvons aussi est l'appeler concurrence d'intérêt à la place de conflit, tout en mettant l'accent sur une connotation de la concurrence naturelle entre les intérêts valides plutôt que les conflits violents avec connotation victimaire et agression injuste.

Néanmoins, il y a trop de chevauchement entre les termes pour faire une différence objective.

Autorégulation

L'autorégulation est également un conflit d'intérêts.

Si un gouvernement est invité à éliminer les comportements contraires à l'éthique, cela peut être dans son intérêt à court terme d'éliminer l'apparence d'un comportement contraire à l'éthique, plutôt que le comportement lui-même, en gardant tous les manquements à l'éthique cachés, au lieu de l'exposer ou de les corriger.

Une exception se produit lorsque le manquement à la déontologie est déjà connu par le public.

Dans ce cas, il pourrait être dans l'intérêt du groupe de mettre fin au problème éthique auquel le public a connaissance, mais gardez les infractions restantes cachées.

Sinistre en matière d'assurances

Les compagnies d'assurance conservent les sinistres pour représenter leur intérêt et régler les revendications.

Il est dans le meilleur intérêt des compagnies d'assurances de laisser le règlement atteindre ses prestataires.

Basé sur l'expérience et la connaissance, il est très facile pour le régleur de convaincre un prestataire.

Il y a toujours une très bonne chance d'un conflit d'intérêts lorsque l'une des parties tente de représenter les deux côtés d'une transaction financière, comme une réclamation d'assurance.

Ce problème est exacerbé lorsque le demandeur accepte que les demandes de réglage de la compagnie d'assurance soient juste et assez impartial pour satisfaire à la fois les leurs et les intérêts de la compagnie d'assurance.

Ces types de conflits pourraient être facilement évités avec l'utilisation des informations appropriées.

Achats et vente

Une personne travaillant comme acheteur de l'équipement pour d'une entreprise peut obtenir un bonus proportionnel au montant recommandé.

Cependant, cela devient une incitation pour lui d'acheter du matériel peu coûteux, de qualité inférieure.

Par conséquent, cela est contraire aux intérêts de son entreprise qui doit réellement utiliser un équipement original de qualité.

Représentants du gouvernement

La réglementation des conflits d'intérêts au sein du gouvernement est l'un des objectifs de l'éthique politique.

Les fonctionnaires ne sont pas qualifiés pour mettre le service public au profit de leurs intérêts personnels.

En Afrique, les règles d'intérêts sont destinées à empêcher les fonctionnaires à prendre des décisions dans des circonstances qui pourraient raisonnablement être perçues comme une violation de leur devoir moral.

Les règles dans la branche exécutive ont tendance à être plus stricte et plus facile à appliquer que dans la branche législative.

Deux problèmes rendent l'éthique des conflits difficiles et distinctifs.

D'abord, les législateurs devraient partager une communion d'intérêts avec leurs électeurs.

Les législateurs ne peuvent pas représenter adéquatement les intérêts des électeurs sans représenter une partie personnelle.

Je suis un législateur qui représente le peuple, même si je pense à mes intérêts personnels.

Je représente le gouvernement de mon pays parce que je suis moi-même un gouverneur, membre du gouvernement.

Le président République ne peut pas nommer membre de son gouvernement qui ne travaillera pas pour ses intérêts.

Il s'agit de distinguer les intérêts particuliers de l'intérêt général de tous les constituants.

Deuxièmement, les intérêts politiques des législateurs comprennent des contributions de campagne dont ils ont besoin pour se faire élire et qui ne sont généralement pas illégal.

Mais dans de nombreuses circonstances en Afrique, ils peuvent avoir le même effet : c'est-à-dire sous forme de pots de vin.

Il s'agit de savoir comment maintenir l'intérêt secondaire dans la collecte de fonds d'une campagne qui devrait être le principal intérêt.

La politique africaine est dominée par la corruption et non par des contributions de campagne politique.

Les candidats ne sont pas considérés comme crédible car ils utilisent l'argent de l'État et les biens matériels de l'État pour réaliser leurs campagnes.

En Afrique, la majorité des présidents de la République candidats à leur propre succession finance leur campagne à partir du budget national.

L'impact de cet argent peut être trouvé dans de nombreux endroits, notamment dans la façon dont les contributions de campagne influencent le comportement du législatif.

Plusieurs preuves possibles ont montré que ce phénomène a aidé à élire la majorité des présidents africains en exercice.

Surtout qu'en Afrique, ce genre de pratiques font désormais parties de la vie au point où cela n'apparaît plus illégal.

Si l'argent pervertit la démocratie en Afrique, elle favorise les conflits d'intérêts.

Lorsque de telles sommes deviennent pratiquement essentielle pour l'avenir d'un homme politique, il génère un conflit de fond d'intérêt contribuant à une distorsion assez bien documenté sur les priorités et les politiques de la nation.

Au-delà, les responsables gouvernementaux, qu'ils soient élus ou non, utilisent souvent la fonction publique pour travailler avec des entreprises concernées par la législation qu'ils contrôlent personnellement.

Par exemple, les entreprises privées appartenant aux membres du gouvernement reçoivent la majorité des marchés au détriment des entreprises publiques qui ne servent que d'échantillons.

Même les législateurs et les régulateurs sont accusés d'utiliser des informations privilégiées pour leurs nouveaux employeurs et de compromettre les lois et règlements dans l'espoir d'obtenir des avantages dans le secteur privé.

Cette possibilité crée un conflit d'intérêts pour tous les fonctionnaires dont l'avenir ne dépend plus du mérite mais des conflits d'intérêts.

Les financements

Les conflits d'intérêts entre les élus fait partie des caractéristiques des États africains.

De 2000 à 2016, les gouvernements ont été financés à 30 % par les bénéfices des sociétés privées.

Une partie de financement est sans doute due à une augmentation accrue de la privatisation des entreprises publiques qui profitent aux hommes politiques.

Cela explique aussi par une augmentation des profits de l'industrie financière.

Cependant, la majeure partie de cette augmentation a été l'effet corrosif de l'argent en politique, mettant les entreprises privées et publiques en conflit d'intérêts, parce qu'elles utilisent l'argent de l'État.

Rôles des économistes

D'abord, les économistes africains sont les fonctionnaires les plus corrompus au monde.

Les économistes (contrairement à d'autres professions telles que les sociologues) ne se souscrivent pas formellement à un code d'éthique professionnelle.

La majorité des économistes sont au service des gouvernements et des banques corrompues.

Les critiques font valoir, par exemple que les économistes financiers, dont beaucoup ont été engagés comme consultants par les gouvernements, facilitent la non-régulation du secteur financier.

Un conflit d'intérêts est une manifestation d'une culture morale, en particulier quand une institution financière fournit de multiples services pour des intérêts potentiellement aux concurrents de ces services.

Un conflit d'intérêts existe aussi lorsqu'une transaction pourrait réaliser un gain personnel sans prendre des mesures préjudiciables.

Il existe de nombreux types de conflits d'intérêts tels que les fraudes boursières.

C'est est un conflit d'intérêts parce que les agents cachent et manipulent l'information pour la rendre trompeuse.

Les investisseurs vont acheter le stock, ce qui crée une forte demande et augmentation des prix.

En Afrique, ils utilisent leurs connaissances et positions pour influencer et contrôler les autres dans le but de gagner personnellement, ce qui est moralement répréhensible

Les africains organisent des plans douteux et complexes, la falsification des rapports sur les bénéfices et gonflent les prix des actions qui sont généralement couvert par une fausse comptabilité.

Communications

Toute organisation médiatique a un conflit d'intérêt à discuter contre tout ce qui peut influer sa capacité de communiquer librement.

La plupart des médias africains, lors de la déclaration qui implique une société mère ou une filiale, doivent rendre des comptes afin d'alerter le public sur leurs rapports en raison de la possibilité d'un conflit d'intérêts.

Le modèle d'affaires des organisations de médias commerciaux qui acceptent la publicité changent leurs attitudes devant le public.

Cependant, nous sommes conscients du conflit d'intérêts entre le profit et le désir altruiste d'informer dignement le peuple.

De nombreux entreprises de presse testent leurs annonces à travers différentes façons de mesurer le retour sur l'investissement.

Les tarifs publicitaires sont fixés en fonction de la taille et des habitudes des clients.

Les organisations de médias commerciaux perdent de l'argent si elles fournissent un contenu qui offense soit leur public ou leurs annonceurs.

La consolidation substantielle des médias va réduire les alternatives destinées au public.

Si les médias fournissent trop d'informations sur la façon dont le gouvernement exige sa politique, les annonceurs majeurs pourront être offensés et réduire leurs dépenses de publicité.

De même, les organisations de médias commerciaux ne sont pas obligées de dépendre du gouvernement.

Les annonceurs sont connus pour financer les organisations de médias.

La publicité représente environ 50 % des recettes des entreprises des médias.

Les élections doivent êtres un atout majeur pour les radiodiffuseurs commerciaux, car la quasi-totalité de la publicité politique sera achetée avec une planification préalable minimale, donc payer à des taux élevés.

Les médias commerciaux ont un conflit d'intérêts dans tout ce qui pourrait favoriser des candidats à faire passer la publicité à moindre coût ou gratuitement.

Cette tendance a été une réduction substantielle du journalisme d'investigation, qui reflète ce conflit d'intérêts entre les objectifs d'affaires des médias commerciaux et le besoin du public de savoir ce que le gouvernement est en train de faire.

Au-delà de cela, les entreprises de médias possèdent des quantités importantes de matériel protégé.

Cela leur donne un conflit d'intérêt inhérent à toute question de politique publique touchant les droits d'auteur.

Le résultat est que le peuple cesse d'obtenir un moyen de clarifier les priorités sociales.

Un marché libre a un mécanisme de contrôle des abus de pouvoir par les sociétés de médias.

Les entreprises des médias ne favorisent pas la société civile qui très pauvres en Afrique et n'apporte presque pas la clientèle.

C'est toujours un problème lié à la pauvreté.

Atténuation

Les gens qui peuvent être perçus comme ayant un conflit d'intérêts doivent démissionner d'une position ou vendre leur participation dans une entreprise, pour éliminer le conflit d'intérêts à l'avenir.

Cette démission va être déclaré afin d'éviter l'apparition de conflits d'intérêts.

Confiance aveugle

Un politicien qui détient des actions dans une entreprise qui peut être affectée par la politique du gouvernement peut mettre ces actions dans une confiance aveugle.

Il est souvent difficile que ce genre de situation élimine vraiment le conflit d'intérêts.

Cependant, les hommes politiques peuvent en fait cacher les conflits d'intérêts, pour illégalement financer leurs partis politiques.

Divulgation

En Afrique, les fonctionnaires de l'État et les hauts responsables gouvernementaux doivent commencer à divulguer les informations financières tels que leurs patrimoines, les actions, les dettes, les prêts et les positions des sociétés détenues chaque année.

Certains professionnels doivent être tenus soit par des règles liées à leur organisation professionnelle, ou par la loi, de divulguer les conflits d'intérêts réels ou potentiels.

L'absence de divulgation complète doit être considéré comme un crime.

Dans les pays africains, il n'existe pas de preuves quant à l'effet de conflit d'intérêts malgré son acceptation généralisée.

Récusation

Ceux qui ont un conflit d'intérêts devraient se récuser ou s'abstenir des conflits existant.

L'impératif de récusation varie en fonction des circonstances et de la profession, soit l'éthique de sens comme communs, l'éthique codifiées, ou par la loi.

Par exemple, si le conseil d'administration d'un organisme gouvernemental envisage l'embauche d'un cabinet de conseil pour une tâche, en tant que partenaire, un parent ou ami de l'un des membres du conseil d'administration ne devrait pas voter.

En fait, afin de minimiser tout conflit, les membres du conseil d'administration ne devrait pas participer dans la décision, y compris des discussions.

Les juges doivent récuser les cas où les conflits d'intérêts personnels peuvent survenir.

Par exemple, si un juge a participé à un cas auparavant il ou elle n'a plus le droit de reprendre le même cas.

Il faut également récuser lorsque l'un des avocats dans une affaire peut-être un ami proche ou un membre de la famille, ou lorsque l'issue de l'affaire peut affecter le juge directement.

Ceci est requis par la loi organique de la Cour pénale internationale (CPI).

Les évaluations d'un témoin

Considérons une situation où le responsable d'une entreprise publique décide de racheter des actions d'une société privée.

De toute évidence, il ne convient pas et ou c'est complètement illégal pour une entreprise publique de simplement indiquer le prix.

Ce qui est généralement logique est d'embaucher une firme indépendante, bien qualifié pour évaluer ces questions, afin de calculer prix logique, qui sera ensuite voté par les actionnaires.

Les évaluations d'un témoin peuvent également être utilisés comme preuve pour justifier la transparence des transactions.

Par exemple, une société qui loue un immeuble de qui est détenue par l'État pourrait obtenir une évaluation indépendante qui montrera que le taux du marché existe dans les paramètres légaux, afin de résoudre le conflit d'intérêts qui existe entre l'obligation fiduciaire des actionnaires et les intérêts personnels de l'État.

L'auto-assistance

L'auto-assistance ou auto-amélioration est la conception, l'analyse, le développement et l'implémentation de méthodes permettant à un individu d'évoluer par un processus systématique, et ainsi de remplir des tâches difficiles ou impossibles à remplir par des moyens classiques.

En Afrique, les programmes d'auto-assistance doivent commencer avec leurs propres priorités, techniques, croyances associées, promoteurs et dirigeants.

Les concepts et termes originaires de l'auto-assistance telles que la récupération, les familles dysfonctionnelles, et la dépendance doivent désormais être intégré dans le langage courant.

L'auto-assistance utilise souvent l'information, les soutiens du public, l'Internet ainsi que l'individu concerné où des situations similaires se rejoignent.

La pratique juridique et les conseils à domicile, doivent être souvent appliquer notamment dans les domaines de l'éducation, les affaires, la psychologie et la psychothérapie, à travers le genre populaire d'auto-assistance des livres.

Les avantages potentiels de groupes professionnels peuvent ne pas être en mesure de fournir l'amitié, le soutien affectif, des connaissances empiriques, l'identité, les rôles importants et un sentiment d'appartenance.

Les groupes associés à des conditions de santé peuvent consister à aider les patients.

En plus, avec le partage d'expériences, ces groupes peuvent devenir des groupes de soutien et des chambres de compensation pour le matériel éducatif.

L'aide par l'apprentissage et l'identification des problèmes peut être considérée comme une auto-assistance.

Les africains doivent pratiquer l'auto-assistance dans le but d'obtenir auto-amélioration.

Un autre genre d'auto-assistance est l'utilisation des livres comme guides.

L'auto-assistance et la prestation de services professionnels

L'auto-assistance et l'aide mutuelle sont très différentes de la livraison, mais elles peuvent compléter les services professionnels.

Les conflits peuvent apparaître sur cette interface, cependant, certains professionnels encouragent une sorte d'enthousiasme avec un auto-examen qui est très généraux.

Certains psychologues embrassent explicitement l'auto-assistance comme une psychologie positive.

Le rôle de la psychologie positive est faire une liaison entre l'individu et le plaisir du mouvement d'auto-assistance.

Elle vise à affiner le champ d'auto-amélioration par

une augmentation intentionnelle dans la recherche scientifique indépendante.

S'auto-parler permet d'engager une conversation dans une pensée verbale ou mentale et peut être utilisé comme instruments pour l'amélioration de soi, souvent en habilitant les messages par l'action.

En général, les hommes préfèrent utiliser les conseils lors d'un engagement pour atteindre des objectifs, réguler leurs propres comportements, pensées ou émotions et faciliter la performance.

Les gens écrivent en utilisant beaucoup d'expressions physiques et mentales ou en adoptant le point de vue d'un ami tout en se basant librement autour d'un défi personnel pour aider à augmenter la maîtrise de soi par la promotion de la positivité des émotions telles que la fierté et la satisfaction, qui peuvent motiver les gens à atteindre leur objectif.

S'auto-parler va au-delà de la portée de l'auto-amélioration pour l'exécution de certaines activités et joue un rôle très important dans la régulation des émotions en situation de stress social.

En outre, ces comportements d'auto-assistance démontrent également des effets d'autorégulation perceptibles à travers le processus d'interactions sociales, indépendamment de leur vulnérabilité.

Notes et références

Le droit au développement est donc un droit collectif des peuples par opposition à un droit individuel, et a été réaffirmé par la Déclaration de Vienne de 1993. (Page 9)

Comme il est indiqué dans la Déclaration sur le droit au développement, la personne humaine est le sujet central du développement. (Page 10)

En particulier, les peuples autochtones ont le droit de participer activement à l'élaboration et la détermination de la santé, le logement et d'autres programmes économiques et sociaux les concernant et, autant que possible, d'administrer ces programmes par l'intermédiaire de leurs propres institutions. (Page 11)

Le changement social peut être entraîné par les forces culturelles, religieuses, économiques, scientifiques ou technologiques. (Page 12)

Il existe de nombreuses théories du changement social. (Page 13)

En effet, la croissance de la population du monde ralentit pendant que la croissance démographique des pays africains qui sont les moins avancés a connu une augmentation de 2,7 %. (Page 13)

Le progrès social permettra non seulement la mise en place de la sécurité sociale africaine (SSA) qui englobera les allocations familiales, les pensions, le chômage, le remboursement... (Page 14)

D'ailleurs, de nombreuses réformes considérées aujourd'hui comme des « acquis sociaux », ont été votées grâce à la croissance... (Page 15)

Par conséquent, la justice sociale est invoquée aujourd'hui à cause des différences entre les êtres humains, des efforts pour l'égalité, de l'égalité raciale et sociale, pour la défense de la justice des migrants, des prisonniers, de l'environnement, et des personnes handicapées physiquement et mentalement. (Page 16)

Les gens doivent être appelés à examiner les décisions de politique publique en relation avec la façon dont ils considèrent les pauvres. (Page 18)

Ils ont estimé que la zakat (aumône) n'était pas la charité volontaire, mais que les pauvres ont droit à l'assistance du plus heureux. (Page 19)

Le développement rural est le processus d'amélioration de la qualité de vie et le bien-être économique des personnes vivant dans des zones relativement isolées et peu peuplées. (Page 21)

Le développement rural vise à trouver les moyens pour améliorer les conditions de vie en milieu rural avec la participation des populations rurales elles-mêmes de manière à répondre aux besoins nécessaires des zones rurales. (Page 22)

La plupart des aides au développement proviennent des pays développés, mais certains pays africains contribuent également. (Page 23)

Dans les pays africains, il arrive parfois qu'aucun code

de conduite strict soit en vigueur. (Page 25)

Il existe plusieurs formes de corruption : l'extorsion, le copinage, le népotisme, le provincialisme patronal, trafic d'influence, et les détournements de fonds. (Page 27)

Généralement, la corruption diminue la capacité institutionnelle du gouvernement si les procédures ne sont pas respectées, quand les ressources sont détournées et lorsque les bureaux publics sont achetés par l'État et revendus ou occupés par les fonctionnaires. (Page 28)

Les fonctionnaires peuvent augmenter la complexité technique des projets du secteur public en détournant les investissements... (Page 29)

Pendant que la sécheresse et d'autres événements naturels augmentent la famine en Afrique, les présidents de la République sont préoccupés par leurs réélections à la tête des pays... (Page 32)

En fin de compte, la distinction entre la corruption du secteur public et privé semble parfois un peu artificielle, et des initiatives nationales de lutte contre la corruption doivent être réellement respectées pour éviter des lacunes juridiques et combattre ce fléau. (Page 34)

Le patronage est généralement considéré comme l'acte intentionnel de donner l'argent ou le sexe pour obtenir un emploi dans la fonction publique ou dans une société privée. (Page 36)

Les femmes et les minorités sont aussi exclues du système en Afrique. (Page 37)

En Afrique, les élections présidentielles, législatives et locales sont organisées grâce à la fraude électorale. (Page 39)

Cela permettra également une évaluation des fonctionnaires qui luttent contre la corruption et les méthodes utilisées. (Page 41)

Comme d'autres activités économiques gouvernementales, la privatisation est aussi exposée au risque de copinage. (Page 43)

Honnêtement, la corruption judiciaire est très difficile à éliminer dans les pays africains. (Page 45)

Un conflit d'intérêts (CI) est une situation au cours de laquelle une personne ou une organisation est impliquée dans de multiples intérêts souvent financiers, qui pourrait éventuellement corrompre la motivation d'un l'individu ou d'une l'organisation. (Page 47)

Un administrateur ou dirigeant d'une société est soumis à une responsabilité légale si un conflit d'intérêts viole son devoir de loyauté. (Page 48)

Pour éviter le népotisme dans le recrutement, les entreprises doivent exiger que le demandeur ne soit pas lié à un employé de la société. (Page 50)

L'autorégulation est également un conflit d'intérêts. (Page 51)

Les fonctionnaires ne sont pas qualifiés pour mettre le service public au profit de leurs intérêts personnels. (Page 53)

La politique africaine est dominée par la corruption et non par des contributions de campagne politique. (Page 54)

Si l'argent pervertit la démocratie en Afrique, l'argent favorise… des africains. (Page 54)

C'est est un conflit d'intérêts parce que les agents cachent et manipulent l'information pour la rendre trompeuse. (Page 56)

Si les médias fournissent trop d'informations sur la façon dont le gouvernement exige sa politique, les annonceurs majeurs pourront être offensés et réduire leurs dépenses de publicité. (Page 57)

Les gens qui peuvent être perçus comme ayant un conflit d'intérêts doivent démissionner d'une position ou vendre leur participation dans une entreprise, pour éliminer le conflit d'intérêts à l'avenir. (Page 58)

En Afrique, les programmes d'auto-assistance doivent commencer avec leurs propres priorités, techniques, croyances associées, promoteurs et dirigeants. (Page 63)

S'auto-parler va au-delà de la portée de l'auto-amélioration pour l'exécution de certaines activités et joue un rôle très important dans la régulation des émotions en situation de stress social. (Page 65)

Table des matières

Cet ouvrage a été composé par Edilivre

175, boulevard Anatole France – 93200 Saint-Denis
Tél. : 01 41 62 14 40 – Fax : 01 41 62 14 50
Mail : client@edilivre.com

www.edilivre.com

Tous nos livres sont imprimés
dans les règles environnementales les plus strictes

ISBN papier : 978-2-334-23007-0
ISBN pdf : 978-2-334-23008-7
ISBN epub : 978-2-334-23006-3
Dépôt légal : octobre 2016

© Edilivre, 2016

Imprimé en France, 2016

www.ingramcontent.com/pod-product-compliance
Lightning Source LLC
Chambersburg PA
CBHW031524270326
41930CB00006B/512